Mein blühender Balkon

ELKE PAPOUSCHEK

Mein blühender Balkon

Die schönsten Blumen für jede Jahreszeit

Servus

DAS GROSSE KLEINE BUCH 45

Inhalt

Vorwort

„Die prachtvollsten Blumen blühen oft im Verborgenen“, sagt ein Sprichwort. Und viele von ihnen in luftiger Höhe! Balkone und Terrassen sind für uns zum zweiten Wohnzimmer geworden, und auch noch so kleine Flächen lassen sich üppig begrünen.

Wochenendstau auf der Autobahn, überfüllte Ausflugsziele? Dann vielleicht doch lieber den Tag im Liegestuhl auf dem Balkon verbummeln – das schont die Nerven und die Umwelt.

Umgeben von bunten Blüten, duftenden Blättern und mediterranen Kübelpflanzen ist Erholung garantiert, die Zutaten für die schnelle Sommerküche kommen auch gleich vom Balkon. Kräuter, Gemüse und sogar Obst gedeihen in Kistchen und Töpfen. Pflanzen und ein grünes Umfeld tun uns gut. Nichts wie raus also und den Balkon aus dem Dornröschenschlaf erwecken!

„Die richtige Pflanzenauswahl“

„Blumen sind das Lächeln der Natur.
Es geht auch ohne sie, aber nicht so gut.“
Max Reger (1873–1916)

Standort

Berücksichtigen Sie bei der Pflanzenauswahl die Ausrichtung des Balkons. Auf der Südseite wird es im Hochsommer extrem heiß. Ost- oder Westbalkone haben nur den halben Tag direkte Sonne. Für jede Lage gibt es aber passende Blumen. In halbschattigen Ecken wachsen Fuchsien, Fleißige Lieschen (Impatiens) und Knollenbegonien (Begonia × tuberhybrida), Husarenknöpfchen (Sanvitalia procumbens), Buntnessel (Solenostemon scutellarioides) und Süßkartoffel (Ipomoea batatas). Auf heißen Plätzen in praller Sonne kommen Fächerblume (Scaevola aemula), Zweizahn (Bidens ferulifolia), Strohblume (Helichrysum bracteatum) und Portulakröschen (Portulaca grandiflora) gut zurecht.

Für wind- und regenexponierte Standorte bieten sich Arten mit kleinen, festen Laubblättern und unempfindlichen Blüten an. Pflanzen mit langen Trieben, großen, weichen Laubblättern und großen Blüten sind hier ungeeignet. Robuste und wetterfeste Balkonblumen sind etwa Elfensporn (Diascia), Fächerblume (Scaevola), Hängepelargonien (Pelargonium peltatum), Schneeflockenblume (Sutera diffusus), Studentenblume (Tagetes), Eisenkraut (Verbena) oder Zweizahn (Bidens).

Kein Platz? – Blumenampeln

Zu wenig Platz für Blütenträume im Kisterl? Dann gehen Sie doch in die Höhe! Blumenampeln, auch als „Hanging Baskets" bekannt, passen auf den kleinsten Balkon. Die Kunst bei der Zusammenstellung der Pflanzen ist es, Blütenfarben, Blattstrukturen, aufrecht wachsende und hängende Arten zu kombinieren.

Achten Sie bei der Auswahl unbedingt auf Wuchsstärke und Standortansprüche. Sonnenhungrige oder schattenliebende Blütenpflanzen sollten den richtigen Platz bekommen. Wählen Sie immer Pflanzenarten mit dem gleichen Wuchspotenzial. Stark wachsende Pflanzen würden nämlich im Laufe des Sommers ihre schwach wachsenden Nachbarn überwuchern.

Gefäße sind im Fachhandel in vielen Formen erhältlich. Hilfreich sind solche mit Untersetzern, die das Wasser zurückhalten. Bewährt haben sich außerdem Töpfe, die im Boden ein vom Erdreich getrenntes Wasserreservoir besitzen. Diese Ausstattung verringert den Pflegeaufwand erheblich. An heißen Sommertagen müssen Hängeampeln unter Umständen zweimal am Tag gegossen werden. Ein automatisches Bewässerungssystem erleichtert das Gießen dann sehr. Halbschattige Standorte schützen zwar vor raschem Austrocknen, bringen aber weniger Blütenreichtum mit sich.

Farbe und Struktur im Kisterl

Farbzusammenstellung

Grundsätzlich unterscheidet man zwischen warmen Farben (rote, gelbe und orangefarbene Töne, Mischfarben wie Rotbraun und Goldgelb) und kalten Farben (Blau, Lila, Violett, Silber, Blaugrün und Weiß). Warme Farben scheinen aus einem Arrangement herauszutreten und verkürzen die Entfernung, kalte Farben verstärken die optische Distanz.

Komplementärfarben liegen im Farbkreis gegenüber. Die Kombination zweier Komplementärfarben ist ein „Zweiklang", z.B. Gelb und Violett. Sie ergibt einen sehr spannungsreichen Farbkontrast. Die beiden Farben steigern sich gegenseitig in ihrer Wirkung.

Kombinationen aus drei Farben, die im Farbkreis gleich weit voneinander entfernt liegen (z.B. Gelb, Rot, Blau) bezeichnet man als „Dreiklang". Auch sie haben eine starke Kontrastwirkung.

Im Farbkreis benachbarte Farben (z. B. Gelb und Orange) sorgen für harmonische Kombinationen. Weiße und silberfarbene Blüten passen gut zu allen kräftigen Farben. Sie wirken neutral, bringen Ruhe ins Geschehen und eignen sich als Übergangspflanzen zwischen Kontrastfarben.

Strukturpflanzen

Die gleiche Wirkung erzielen Pflanzen, die nicht mit bunten Blüten, sondern mit auffälligen Blattfarben oder -formen prunken. Man kombiniert sie mit Blütenpflanzen. Pflanzen wie Buntnessel (Solenostemon scutellarioides) oder Harfenstrauch (Plectranthus) können sowohl eine Auflockerung für monotone Bepflanzungen als auch ruhige Zwischenpflanzen bei farbintensiven Blütenkombinationen sein.

Natürlich eignen sich auch Kräuter als Strukturpflanzen. Rosmarin, Basilikum, Minzen und Salbei-Arten sind zum Teil in buntlaubigen Formen erhältlich und wunderbar für ein Kistchen vor dem Küchenfenster geeignet.

Blütenpracht oder Immergrün?

Blüten aus Zwiebeln

Im Herbst gesetzte Krokusse und Traubenhyazinthen eröffnen die Balkonsaison schon ab März, gefolgt von Tulpen und Narzissen. Sommerblühende Zwiebelblumen wie Gladiolen, Dahlien und Canna werden ab Mitte Mai in Töpfe gepflanzt, da sie frostempfindlich sind. Auch Lilien lassen sich in Gefäßen ziehen. Sie stehen in einem großen Sortiment mit den unterschiedlichsten Blütenfarben zur Auswahl. Einige verströmen einen intensiven Duft, z.B. Sorten aus der Gruppe der Orientalischen Lilien und der Trompetenlilien.

Ein Balkon für Bienen und Schmetterlinge

Der blühende Balkon ist eine Oase, die auch Insekten als wertvolle Nahrungsquelle schätzen. Hummeln, Wildbienen, Schmetterlinge und Schwebfliegen, manchmal auch ein Käfer finden sich ebenso ein wie Honigbienen. Nicht nur die Blüten von Zierpflanzen, sondern auch die von Küchenkräutern wie Thymian, Schnittlauch, Bohnenkraut, Majoran, Basilikum, Ysop, Weinraute sowie Zitronenmelisse oder Pfefferminze sind bei Bienen heiß begehrt. Neben Nektar als Treibstoff zum Fliegen und zur Erhaltung der Körperwärme brauchen Bienen auch den eiweißreichen Blütenstaub, den Pollen. Beachten Sie bei der Pflanzenauswahl, dass nur ungefüllte Blüten den lebensnotwendigen Pollen bieten, bei gefüllten Blüten ist für Insekten nichts zu holen.

Beispiele für bienenfreundliche Balkonpflanzen

- Fächerblume (Scaevola saligna)
- Vanilleblume (Heliotropium arborescens)
- Echter Salbei (Salvia officinalis)
- Mehliger Salbei (Salvia farinacea)
- Portulakröschen (Portulaca grandiflora)
- Kapmalve (Anisodontea capensis)
- Männertreu, Lobelie (Lobelia erinus)
- Kokardenblume (Gaillardia aristata)
- Sonnenhut (Rudbeckia)
- Sonnenauge (Heliopsis helianthoides)

Schnelle Schling- und Kletterpflanzen

Einjährige Schling- und Kletterpflanzen sorgen auf dem Balkon rasch für Sichtschutz. Glockenrebe (Cobaea scandens), Edelwicke (Lathyrus odoratus), Prunkwinde (Ipomoea) oder Schwarzäugige Susanne (Thunbergia alata) sind rasant unterwegs – ihnen kann man fast beim Wachsen zusehen, zudem punkten sie durch ihre herrliche Blütenpracht. Mit ihnen lassen sich Terrassen und Balkone abgestimmt auf die jeweilige

Balkonkastenbepflanzung jedes Jahr anders gestalten. Die einjährigen Kletterer können meist problemlos aus Samen gezogen werden. Ab Mitte Mai wird dazu direkt ins Freie ausgesät. Schneller entwickeln sich die Pflanzen allerdings, wenn sie auf dem Fensterbrett schon im April vorgezogen oder kräftige Jungpflanzen in der Gärtnerei gekauft werden.

Tipp

Alle einjährigen Kletterpflanzen brauchen eine Kletterhilfe, also ein Gerüst aus Holz oder einfach gespannte Schnüre oder Drähte. Selbst das schlichteste Gerüst wird im Sommer reichlich von Blättern und Blüten verdeckt.

Dauerhafte Bepflanzung mit Stauden und Gräsern

Es müssen nicht immer Saisonblumen sein! Stauden und Gräser sorgen für eine pflegeleichte und vor allem dauerhafte Bepflanzung. Kleinbleibende Ziergräser bringen Eleganz und Leichtigkeit in die Gestaltung. Viele von ihnen kommen mit wenig Wasser zurecht und vertragen Hitze gut, z.B. Blauschwingel (Festuca cinerea) und Lampenputzergras (Pennisetum alopecuroides). Auch Stauden können genügsame, aber effektvolle Balkonpflanzen sein. Etwa Katzenminze (Nepeta), Lavendel (Lavandula angustifolia) und Schafgarbe (Achillea) – je sonniger der Standort, desto aromatischer ihr Duft. Den dickfleischigen, wasserspeichernden Blättern von Fetthenne

(Sedum telephium) und Hauswurz (Sempervivum) sieht man ihre Unverwüstlichkeit auf den ersten Blick an. Beide sind anspruchslos und verzeihen sogar, wenn man einige Zeit ganz auf sie vergisst. Staunässe vertragen allerdings sämtliche genannten Pflanzen nicht. Deshalb müssen genügend Löcher im Topfboden den Abfluss von überschüssigem Gießwasser ermöglichen.

Frisch geerntet vom Balkon

Rosmarin, Thymian und Co. brauchen volle Sonne, um ihre Aromen zu entfalten, Minzen duften und schmecken nach Zitrone oder Pfefferminz und haben überdies schöne Blattzeichnungen.

Mit Erdbeeren und Kiwi bis hin zum säulenförmigen Apfelbäumchen („Ballerina“) findet die Obsternte auch auf dem Balkon statt. Himbeeren, Brombeeren oder Stachelbeeren gedeihen in großen Töpfen, Monatserdbeeren wachsen überhängend im Balkonkistchen und schenken über viele Wochen köstliche Früchte. Die Erdbeere „Elan“ wurde eigens für Balkonkistchen gezüchtet und trägt bis in den Herbst hinein sehr aromatische Früchte.

Tomaten, Paprika und Co. brauchen große Gefäße mit mindestens 10 Liter Volumen je Pflanze. Spezielle, niedrig wachsende Gemüsesorten können separat oder mit Blumen gemischt gepflanzt werden. Interessant sind z.B. die roten und gelben Tomaten „Red Robin“ und „Yellow Canary“ oder auch

der Paprika „Pretty in Purple“ mit chilischarfen, kleinen Früchten. Wer milden Paprika bevorzugt, pflanzt Gemüsepaprika in Gelb und Rot, etwa „Mohawk“ und „Redskin“.

Tipp

Wer das grüne Basilikum nicht gut weiterbringt, sollte es mit Strauchbasilikum versuchen, z.B. dem violetten „African Blue“. Geschmacklich ist kaum ein Unterschied festzustellen, aber Strauchbasilikum ist robuster.

Im Herbst und Winter schön

Dekorative Blätter, grüne Nadeln, Beerenschmuck und so manche Blüte: Mit einer winterfesten Bepflanzung können sich Balkon und Terrasse auch in der kalten Jahreszeit sehen lassen. Chrysanthemen und Erika sorgen bis zum Eintreffen der ersten Fröste für einen farbenprächtigen Ausklang des Herbstes. Pflanzen mit Beerenschmuck, z.B. Skimmie und Kriechmispel, zeigen auch im Winter eine kräftige Farbe. Kleine Nadelbäume und Besenheide bleiben den ganzen Winter über eine Augenweide. Frostschutz ist für Pflanzen im Topf immer ratsam: Umhüllen Sie die Töpfe mit alten Kaffeesäcken, Schilfmatten oder Ähnlichem und stellen Sie sie auf Holz- oder Styroporblöcke. Das verhindert ein Durchfrieren des Wurzelballens.

Praxistipps für Balkonien – So geht's!

„Was der Sonnenschein für die Blumen ist,
das sind lachende Gesichter für die Menschen."
Joseph Addison (1672–1719)

Die Auswahl der Gefäße

Alle Pflanzen auf Balkon und Terrasse wachsen, im Vergleich zu jenen auf festem Grund und Boden, in verhältnismäßig kleinen Wurzelräumen. Daher ist die Auswahl der Behältnisse genauso wichtig wie die der Erde – eine zwingende Voraussetzung für die weitere gute Entwicklung!

In Tontöpfen fühlen sich die meisten Pflanzen besonders wohl, sie sind atmungsaktiv und die Wurzeln können nicht so leicht verfaulen. In Hitzeperioden müssen Pflanzen in Tontöpfen aber öfter gegossen werden. Plastikbehälter halten die Feuchtigkeit hingegen besser, sind billiger und leichter, was bei Kübelpflanzen ein wichtiger Aspekt sein kann. Egal, ob Sie Ton- oder Plastikgefäße wählen, es muss gewährleistet sein, dass überschüssiges Wasser gut abrinnen kann und keine Staunässe entsteht. Jedes Gefäß braucht daher ausreichend Wasserabzugslöcher.

Tipp

Bei größeren Behältern, die den Winter über befüllt bleiben, sollten Sie eine Schicht Blähton mit darüberliegender Vlies-Abtrennung zur Erde hin vorsehen, damit das Wasser besser abfließen kann.

Gute Erde lohnt sich!

Im begrenzten Erdvolumen, das Pflanzen im Topf zur Verfügung steht, wirkt sich schlechte Substratqualität sehr schnell aus. Hochwertige Blumenerde hat ein gutes Pufferungsvermögen und kann Schwankungen im Nährstoff- und Wasserhaushalt ausgleichen. Sie behält ihre lockere Struktur, während billige Erde rasch zusammenfällt und verdichtet – das behindert die Sauerstoffversorgung der Wurzeln. Minderwertige Fertigerden enthalten sehr viel „Strukturmaterial", z.B. Holzfasern, und nur wenig Humus, oft auch größere Holzstücke. Solche Substrate trocknen rasch aus, werden an der Oberfläche rissig und lassen sich nur schlecht wieder befeuchten. Hat Sie eine gute Fertigerde überzeugt, dann bleiben Sie auch in der kommenden Saison dabei.

Substrate ohne Torf?

Die Antwort ist eindeutig: Ja! Um Torf abzubauen, muss ein Moor entwässert werden. Moore sind aber selten gewordene Ökosysteme, Heimat für besondere Pflanzen und Tiere und wichtig für den Klimaschutz: Sie speichern riesige CO_2-Mengen, die beim Abbau frei werden. Der bei uns verwendete Torf stammt großteils aus Osteuropa, wo der Schutz der Moore kaum ein Thema ist. Problematisch sind vor allem die Billigerden im Handel. Hier gilt: Je billiger die

Erde, desto höher ist oft der Torfanteil. Im Hobby-Gartenbau kann man aber problemlos auf Torf verzichten. Torffreie Erden sind mit verschiedenen Ersatzstoffen wie Holz-, Kokos- oder Hanffasern gemischt und stehen torfhaltigen Erden in nichts mehr nach.

Die Bepflanzung

Pflanzen Sie Balkonblumen grundsätzlich erst nach den Eisheiligen Mitte Mai ins Freie, denn so lange kann es nachts noch zu Spätfrösten kommen.

Bereits gebrauchte Balkonkästen gründlich reinigen. Kalkablagerungen an Töpfen mit einer Essiglösung entfernen. Damit die Wasserabzugslöcher nicht mit Erde verstopfen und es zu Staunässe kommt, einen Streifen Vlies auf den Boden des Balkonkastens legen oder die Abzugslöcher mit Tonscherben bedecken. Eine Schicht Blähton sorgt für gute Durchlässigkeit und dient als zusätzlicher Speicher für Feuchtigkeit.

Für einen Blumenkasten von 80 Zentimeter Länge brauchen Sie vier bis fünf Pflanzen, für einen ein Meter langen etwa sechs bis höchstens acht. Auch wenn die Bepflanzung zunächst noch lückenhaft erscheint, je nach Art, Sorte und Pflege können die Pflanzen in kurzer Zeit kräftig an Größe zulegen. Achten Sie auf eine gute Qualität. Die Sommerblumen sollten bereits blühen, über viele weitere Knospen verfügen, kräftig und gut entwickelt sein.

Vor dem Pflanzen die Töpfe in Wasser tauchen, bis der Ballen gut durchfeuchtet ist. Den Kasten bis zur Hälfte mit Blumenerde füllen; die Wurzelballen ein wenig aufreißen und die Pflanzen verteilen. Mit Erde auffüllen, festdrücken und gründlich angießen.

Pflanzenpflege

„Um einen Schmetterling lieben zu können, müssen wir auch ein paar Raupen mögen.“
Antoine de Saint-Exupéry (1900–1944)

Gut gedüngt ist halb gewonnen!

Sommerblumen und Kübelpflanzen im Topf entwickeln in kleinem Erdvolumen in kurzer Zeit eine enorme Blattmasse und zahlreiche Blüten, deshalb muss aktiv für Nährstoffnachschub gesorgt werden. Verwenden Sie beim Befüllen Ihrer Fensterkistchen nur beste Gärtnererde, die bereits vorgedüngt wurde, d.h. einen Start- wie auch einen Langzeitdünger enthält. Der Startdünger im Substrat sorgt etwa acht Wochen für schnell verfügbare Nährstoffe, später übernimmt der Langzeitdünger, der über Monate langsam und nur so viel, wie die Pflanze benötigt, abgibt. Für schnelle Wirkung bei zusätzlichem Bedarf sorgen diverse Flüssigdünger sowie die bequemen Düngetabletten.

Für die Wirkung des Düngers ist auch das Gießen wichtig. Denn Langzeitdünger kann nur in feuchtem Erdreich ausreichend Nährstoffe abgeben: Diese werden vom Wasser aus den kleinen, von einer Wachsschicht umgebenen Kügelchen gelöst.

Spezielle Ansprüche

Damit Balkonblumen sich wohlfühlen, benötigen sie als Basis gute Blumenerde. Einige Balkonblumen haben aber einen erhöhten Eisenbedarf, z.B. Petunien, Surfinien, Elfenspiegel und Zauberglöckchen. Spezielle Surfinienerde mit einem niedrigen pH-Wert sowie Spezialdünger mit hohem Eisenanteil sind hier sinnvoll.

Gegossen wird durchdringend, im Hochsommer zweimal am Tag. Man kann Pflanzen in Töpfen auch ins Wasser tauchen, bis keine Luftblasen mehr aufsteigen. Sehr praktisch, vor allem für die Urlaubszeit, ist eine automatische Bewässerung.

Blattläuse und Co.

Der passende Standort und die richtige Pflege schaffen den optimalen Lebensraum für robuste, für Schädlinge und Krankheiten wenig anfällige Balkonblumen. Treten doch Schädlinge auf, sollte man auf den Einsatz von Pflanzenschutzmitteln weitestgehend verzichten, denn oft haben sich die natürlichen Feinde bereits eingefunden. Die Larven von Florfliegen, Schwebfliegen oder Marienkäfern etwa machen lästigen Blattläusen den Garaus. Haben Sie etwas Geduld, denn Nützlinge vermehren sich nur dann in großer Zahl, wenn ein ausreichendes Nahrungsangebot vorhanden ist. Möchten Sie selbst etwas unternehmen, sollten Sie die Schädlinge erst einmal mechanisch bekämpfen, z.B. durch Abspritzen mit einem scharfen Wasserstrahl, Zerdrücken, Wegwischen oder Wegschneiden.

Balkonblumen im Porträt

„Die Düfte treten das Pedal in der Blumenmusik."

Karl Foerster (1874–1970)

Begonie „Summerwings"
(Begonia boliviensis)

Heimat: Südamerika

Blüten: weiß, gelb, orange, rot, lachsfarben

Blütezeit: Mai bis Oktober

Wuchshöhe: hängend, 60–100 cm (je nach Sorte)

Standort: sonnig bis halbschattig

Pflege: gleichmäßig feucht halten

Besonderheit: Blütenwunder mit überaus reichen Blütenkaskaden; selbstreinigend; verträgt kurzzeitig auch trockene Phasen gut

Blaues Gänseblümchen

(Brachyscome iberidifolia)

Heimat: Australien

Blüten: weiß, rosa, blau

Blütezeit: Juni bis Oktober

Wuchshöhe: 15–40 cm

Standort: sonnig

Pflege: mäßig, aber regelmäßig gießen, Austrocknen vermeiden

Besonderheit: Der robuste Dauerblüher mit nadelartigen Blättern hat mit den Gänseblümchen in der Wiese botanisch nichts gemein, die Blüten sehen jedoch genauso aus.

Duftwicke

(Lathyrus odoratus)

Heimat: Mittelmeerraum

Blüten: blau, violett, weiß, rosa und rot in vielen Schattierungen, bis hin zu mehrfarbigen Varianten, duftend; später erbsenschotenähnliche Hülsenfrüchte

Blütezeit: Juni bis September

Wuchshöhe: bis 2 m

Standort: sonnig bis halbschattig; windgeschützt

Pflege: gleichmäßig feucht halten, wöchentlich düngen; Verblühtes regelmäßig ausputzen

Besonderheit: einjährige Kletterpflanze; Sichtschutz

Elfenspiegel
(Nemesia-Hybriden)

Heimat: Südafrika
Blüten: weiß, gelb, orange, rosa, rot, blau; becherförmig; teilweise duftend
Blütezeit: Mai bis September
Wuchshöhe: 15–30 cm
Standort: sonnig
Pflege: alle zwei bis drei Tage gießen; verwelkte Blüten regelmäßig entfernen; Neuzüchtungen, z.B. die „Sunsatia"-Serie, sind selbstreinigend
Besonderheit: robuste und hitzeverträgliche Pflanze, die Farbenvielfalt für Kombinierfreudige bietet

Fächerblume

(Scaevola saligna)

Heimat: pazifische Inseln, Australien
Blüten: violett, blau
Blütezeit: Mai bis Oktober
Wuchshöhe: 20–30 cm
Standort: sonnig bis halbschattig
Pflege: alle zwei bis drei Tage gießen; verträgt auch kurzzeitige Trockenheit gut; selbstreinigend
Besonderheit: Mit ausladendem Wuchs füllt die Fächerblume Ampeln und Blumenkästen sogar allein; wie kleine Fächer geformte Blüten; regenfest!

Fleißiges Lieschen, Schöne Wienerin
(Impatiens-Hybriden)

Heimat: Afrika, Neuguinea

Blüten: weiß, rosa, rot, pink, orange, violett, oft zweifarbig, tellerförmig, einfach oder gefüllt blühend

Blütezeit: Mai bis Oktober

Wuchshöhe: 15–30 cm

Standort: hell; (halb-)schattig; vor Regen geschützt

Pflege: gleichmäßig gut feucht halten, alle zwei Wochen düngen; Verblühtes regelmäßig entfernen. Besonders buschig wachsen die Blumen, wenn man sie immer wieder entspitzt (Triebspitzen ausbrechen).

Besonderheit: Die Blätter der Neuguinea-Hybriden sind teils bronzefarben oder gelbgrün gezeichnet.

Fuchsien

(Fuchsia-Hybriden)

Heimat: Mittel- und Südamerika, Neuseeland
Blüten: weiß, rosa, rot, blauviolett, oft zweifarbig, einfach, halbgefüllt, gefüllt blühend
Blütezeit: Mai bis Oktober
Wuchshöhe: 50–150 cm
Standort: halbschattig bis heller Schatten, keine direkte Sonne; windgeschützt
Pflege: mäßig gießen, dabei aber gleichmäßig feucht halten; in den Sommermonaten bis August wöchentlich düngen; Verblühtes regelmäßig entfernen. Besonders buschig wachsen die Blumen, wenn man sie entspitzt. Dazu die weichen, noch nicht verholzten Triebspitzen zeitig im Frühjahr ausbrechen. An diesen Stellen verzweigen sich die Pflanzen.
Besonderheit: Für Balkonkästen eignen sich nur die niedrig wachsenden bzw. hängenden Sorten. Hohe Fuchsien bzw. Hochstämmchen zieht man mehrjährig als Kübelpflanze.

Glockenrebe

(Cobaea scandens)

Heimat: Mexiko
Blüten: große, glockenförmige Blüten, die sich von grün zu violett färben; auch cremeweiße Sorten; süßer Duft
Blütezeit: ab Juli bis zum ersten Frost
Wuchshöhe: bis 4 m
Standort: sonnig
Pflege: viel gießen, im Sommer täglich; alle zwei Wochen düngen; für stärkere Verzweigung Triebspitzen zurückschneiden
Besonderheit: einjährige Kletterpflanze; Sichtschutz

Gloxinienwinde
(Asarina scandens)

Heimat: Mexiko
Blüten: weiß, rosa, blauviolett mit weiß gefärbtem Schlund
Blütezeit: ab Juni bis zum ersten Frost
Wuchshöhe: 2 bis 3 m
Standort: sonnig und windgeschützt, leichter Schatten möglich
Pflege: keine besonderen Ansprüche
Besonderheit: einjährige Kletterpflanze; Sichtschutz; dichtes, an Efeu erinnerndes Laub

Husarenknöpfchen

(Sanvitalia procumbens)

Heimat: Mexiko

Blüten: gelb mit brauner Mitte

Blütezeit: Juni bis Oktober

Wuchshöhe: 10–15 cm

Standort: sonnig

Pflege: mäßig gießen (alle zwei bis drei Tage); verträgt auch kurzzeitige Trockenheit gut; selbstreinigend

Besonderheit: entzückt mit einem Meer von margeritenartigen Korbblüten, sehr starkwüchsig

Knollenbegonien

(Begonia × tuberhybrida)

Heimat: Südamerika

Blüten: weiß, gelb, orange, rosa, rot, auch zweifarbig, oft gefüllt

Blütezeit: Mai bis Oktober

Wuchshöhe: 15–35 cm

Standort: sonnig bis halbschattig

Pflege: gut feucht halten, aber ohne Nässe; alle zwei Wochen schwach düngen; Verblühtes entfernen

Besonderheit: leuchtende, knallige Blütenfarben

Lobelie, Männertreu

(Lobelia erinus)

Heimat: Südafrika
Blüten: weiß, rosa, blau, violett, teils mit weißem Auge
Blütezeit: Mai bis Oktober
Wuchshöhe: 10–20 cm
Standort: sonnig bis halbschattig
Pflege: gleichmäßig feucht halten; alle zwei Wochen schwach düngen; beim Nachlassen der Blüte um ein Drittel zurückschneiden
Besonderheit: ideale Füllpflanze für Kisterln, Schalen und Ampeln

Petunien

(Petunia-Hybriden)

Heimat: Südamerika

Blüten: große und kleine Trichterblüten in nahezu allen Farben, auch zwei- und mehrfarbig, einfache und gefüllte Sorten

Blütezeit: Mai bis Oktober

Wuchshöhe: 15–30 cm

Standort: sonnig bis halbschattig; geschützt und windstill

Pflege: hoher Wasser- und Nährstoffbedarf; möglichst kalkarmes Wasser verwenden; wöchentlich mit speziellem Surfiniendünger düngen (hoher Eisenbedarf)

Besonderheit: Surfinien sind besondere Formen der Petunien. Sie blühen überreich, die Einzelblüten sind aber etwas kleiner, wodurch ihre Blüten auch nach Regen nicht verkleben.

Pelargonien, Geranien

(Pelargonium-Peltatum-Gruppe = Hängepelargon

(Pelargonium-Zonale-Gruppe = aufrechte Pelargo

Heimat: Südafrika

Blüten: weiß, rosa, rot, lila, auch zweifarbig, tellerför einfach oder gefüllt blühend

Blütezeit: Mai bis Oktober

Wuchshöhe: 20–40 cm

Standort: sonnig und warm; im Halbschatten schwäc Blütenbildung

Pflege: gleichmäßig feucht halten; kurze Trockenpha werden gut vertragen; bis Mitte August wöchentlich düngen; Verblühtes regelmäßig entfernen, das förder Blütenneubildung. Es sind auch selbstreinigende Sor erhältlich.

Besonderheit: bewährte Klassiker; blühen beständig u reichhaltig; trotzen Sonne, Wind und Hitze; tolerier auch kurze Trockenheit

Schönranke

(Eccremocarpus scaber)

Heimat: Chile

Blüten: Blütentrauben von goldgelb über leuchtend orange- und karmesinrot bis hin zu purpurrosa

Blütezeit: Juli bis September

Wuchshöhe: bis 3 m

Standort: warm und sonnig (am besten geschützte Süd- und Südwestlagen)

Pflege: mäßig gießen; Staunässe vermeiden; alle zwei Wochen düngen

Besonderheit: einjährige Kletterpflanze; Sichtschutz; dekorative, doppelt gefiederte Blätter

Schwarzäugige Susanne
(Thunbergia alata)

Heimat: Ostafrika

Blüten: leuchtend orangegelb, hellgelb oder weiß mit dunklem Schlund

Blütezeit: Juni bis Oktober

Wuchshöhe: bis 2 m

Standort: sonnig, warm und windgeschützt

Pflege: keine Staunässe; immer erst gießen, wenn die oberste Erdschicht wieder trocken ist

Besonderheit: einjährige Kletterpflanze; Sichtschutz; hübsche herzförmige Blätter

Sternwinde

(Quamoclit lobata)

Heimat: Mexiko und Mittelamerika

Blüten: viele Einzelblüten an bis zu 40 cm langen Blütenständen; als Knospen und beim Aufblühen leuchtend rot, später orange, dann gelb und zum Schluss fast weiß

Blütezeit: Juli bis September

Wuchshöhe: bis 3 m

Standort: sonnig und warm

Pflege: mäßig gießen, aber auf gleichmäßige Feuchtigkeit achten; wöchentlich düngen

Besonderheit: einjährige Kletterpflanze; Sichtschutz

Zauberglöckchen
(Calibrachoa-Hybriden)

Heimat: Brasilien
Blüten: weiß, gelb, apricot, violett, rot, rosa, auch zwei- und mehrfarbig
Blütezeit: Mai bis Oktober
Wuchshöhe: 20–30 cm
Standort: sonnig bis halbschattig
Pflege: gleichmäßig feucht halten und mit kalkarmem Wasser gießen; sobald Laubblätter heller werden, Eisendünger verwenden; selbstreinigend
Besonderheit: überwältigende Farbenvielfalt und Blütenfülle in Kaskadenform; verschiedene Sortengruppen erhältlich: „Superbells" (besonders kräftige Farben und Kombinationen, auch sehr ausgefallene, z.B. Pink mit Gelb, Orange mit Gelb, Zartgelb mit Schokoladebraun), „Trio Mio" (drei Blütenfarben in einem Topf), „Superbells Unique" (einfärbig in sehr kräftigen, satten Farben und mit großen Blüten)

Zauberschnee
(Chamaesyce hypericifolia)

Heimat: Mittel- und Südamerika
Blüten: weiße, kleine Blütenglöckchen
Blütezeit: Mai bis Oktober
Wuchshöhe: 35–50 cm
Standort: sonnig bis schattig
Pflege: alle zwei bis drei Tage gießen; Hitze und kurzzeitige Trockenheit werden gut vertragen; selbstreinigend
Besonderheit: robuster Dauerblüher bis zum ersten Frost; lässt sich vielseitig mit kräftigen Blütenfarben kombinieren, Wirkung wie Schleierkraut

Zweizahn

(Bidens ferulifolia)

Heimat: Mexiko und Südamerika

Blüten: goldgelb

Blütezeit: Mai bis Oktober

Wuchshöhe: 15–30 cm

Standort: sonnig

Pflege: sehr hoher Wasserbedarf, Austrocknen vermeiden; wöchentlich düngen

Besonderheit: hitze-, wind- und wetterfester Dauerblüher; kräftiger, breit überhängender Wuchs